AUX ÉLECTEURS.

Du Ministère actuel

EN PRÉSENCE

DES FAITS ET DES DEVOIRS

DES ÉLECTEURS,

PAR M. A. FLORET,

Avocat et électeur de Lyon.

> En général, le mal du pays n'est pas dans la trop grande énergie du pouvoir, mais dans le défaut d'unité, dans l'incertitude des idées et des volontés.

PARIS.

FÉLIX LOCQUIN ET COMP., IMPRIMEURS,
16, RUE NOTRE-DAME-DES-VICTOIRES.

1839.

AUX ÉLECTEURS

DU

MINISTÈRE ACTUEL

EN PRÉSENCE DES FAITS

ET DES DEVOIRS DES ÉLECTEURS.

En général, le mal du pays n'est pas dans la trop
grande énergie du pouvoir, mais dans le défaut
d'unité, dans l'incertitude des idées et des volontés.

Après l'appel fait au pays par la dissolution de la chambre, quand la situation politique préoccupe tous les esprits, au milieu de tout ce qui se répète chaque jour dans la presse, dont les feuilles quotidiennes, déjà remplies par la polémique des journaux entre eux, ne sauraient dès lors suffire à embrasser la question complète sur laquelle va prononcer la France; si, dans des écrits plus spéciaux, plus graves et plus détachés des questions de personne, si chacun a le droit de venir exposer ses convictions et dire ce

1

qu'il croit utile ; aujourd'hui, au milieu des incertitudes du pays et de la violence qui semble s'être emparée du pouvoir, l'exercice de ce droit est encore un devoir. C'est pour y obéir que nous venons dire hautement, avec le dévouement et le courage d'un bon citoyen et la loyauté d'une bonne conscience, l'impression produite sur nous par les derniers événements, quelle sera notre conduite dans les élections, et les devoirs qu'ont à remplir les életeurs dans l'intérêt de la couronne et du gouvernement représentatif.

Cet écrit, étant tout de circonstance, a dû être fait en raccourci et avec hâte pour arriver en temps utile : on devra donc s'attacher en le lisant plus au fond qu'à la forme, et oublier un peu le style pour n'y voir que les pensées.

Le ministère d'aujourd'hui a pris naissance au quinze avril 1837. Peu de temps avant son organisation, quatre lois avaient été présentées aux chambres : une loi sur la disjonction des procédures, qui fut rejetée par la chambre des députés ; une loi de non-révélation remettant en vigueur l'article du Code pénal abrogé en 1832 ; une loi sur la déportation ; enfin une loi pour créer un apanage à un prince français. Le rejet de la première de ces lois jeta des hésitations dans la conduite des ministres, tous n'appréciè-

rent pas de la même manière la portée de ce rejet, des discussions s'élevèrent dans le cabinet,
et, par suite, des essais de réorganisation furent
tentés ; enfin, après une crise ministérielle assez
prolongée, l'administration, encore au pouvoir
aujourd'hui, fut définitivement constituée.
M. Guizot et ses amis politiques se retirèrent des
affaires.

Dans cette situation, le ministère, qui réunis-
sait dans son sein plusieurs membres de l'ancien
cabinet, voulant conserver son ancienne majorité et même la renforcer en faisant un pas du
côté de la gauche, mais craignant que cet
appel à de nouveaux amis n'effrayât les anciens
qui n'avaient pas oublié les luttes des derniers
temps et toutes les difficultés et tous les dangers
traversés, dont les craintes étaient bien naturelles,
en présence de la cour des pairs constituée alors
pour prononcer encore contre un régicide,
le ministère, dis-je, manqua de cette dignité
qui demande de la franchise dans les paroles et
de la netteté dans les positions et dans les actes,
il ne voulut point s'expliquer sur sa marche politique, il tourna la difficulté avec habileté, il ex-
prima toutes ses sympathies pour tout ce qui
avait été fait par les précédents ministères. Som-
mé positivement de répondre sur le sort réservé

aux deux lois seules encore pendantes aux chambres, après le retrait de la loi d'apanages, dû surtout aux sollicitations pleines de convenance du prince auquel il était destiné, le ministère répondit, ce qui ne tarda pas à être démenti par les faits, que ces deux lois suivraient leur cours et qu'il en soutiendrait la discussion. Quant à la politique du cabinet, il dit qu'il ne pouvait assigner à quelle politique elle ressemblerait, car toute époque passée appartient au passé, et le véritable esprit du gouvernement, le véritable esprit des affaires consistant à aborder les circonstances telles qu'elles se présentent, avec l'esprit libre de toutes préoccupations du passé, il fallait profiter de l'expérience, mais ne pas prendre là seulement des conseils, enfin que l'on gouvernerait suivant ses convictions. Voilà les explications que l'on donnait, on se jetait ainsi dans des généralités pour éviter de répondre réellement, seulement on faisait entendre que la politique passée avait été bonne pour son temps, qu'on avait fait avec raison de la résistance, parce que la résistance était nécessaire en présence des factions armées, mais qu'aujourd'hui il fallait dans la politique moins de résistance et plus de conciliation.

Ces hésitations, cette timidité, cette incertitude

d'idées et de volontés, cette ambiguité si je peux parler ainsi, inspirèrent tout d'abord des inquiétudes à ceux qui veulent un gouvernement puissant et respecté. Cette faiblesse dans les paroles de tribune ne tarda pas à passer dans les actes, et depuis ce temps jusques à aujourd'hui, le ministère vit tous les hommes éminents habitués à s'inspirer des besoins du pays, et à prêter leur appui au pouvoir, s'éloigner de lui peu à peu et à regret, et le chiffre de sa majorité s'amoindrir jusqu'à perdre dans le pays son influence. Dès lors nous pensons que la retraite eût été un devoir pour un ministère bien inspiré. Il avait perdu sa force et sa puissance morale, et aucun de ses membres n'avait une assez haute position parlementaire pour lui redonner cette force ou faire oublier sa faiblesse. Cet état de choses, alarmant pour la morale et pour l'avenir politique, fut hautement dénoncé, sous un point de vue théorique, par un homme qui ne recula jamais devant un devoir ou une conviction. M. Fulchiron dénonça l'année dernière, à la tribune, la situation réelle des choses, et il en exposa tous les dangers pour la morale publique.

Et cependant que d'éléments de force avaient présidé à la formation du ministère, et ont continué d'exister depuis. Le calme et la tranquillité publique, la prospérité croissante qui en était la conséquence, trouvés par le ministère à son entrée aux affaires, éloignaient ces discussions irritantes où l'on revient sur tous les principes du gouvernement pour les mettre en question, et ces rigueurs exceptionnelles qui blessent souvent des esprits sages et modérés et jettent ainsi le trouble et la désorganisation dans les majorités. Non, à l'avénement des ministres, ni depuis, il n'y a rien eu de pareil. Loin de là, le jour où le ministère se présenta pour la première fois dans les deux chambres, il y apporta la nouvelle officielle du mariage du prince royal, il vint faire diversion aux alarmes causées depuis longtemps par d'horribles attentats, qu'on a justement appelés la honte de l'époque, en montrant dans la naissance prochaine d'un fils la perpétuité de la dynastie, grandissant ainsi son influence et sa force à l'ombre de cette perpétuité. Puis vint l'amnistie, ce grand acte de clémence préparé en d'autres temps par une répression énergique, puis nos victoires à Constantine et de nos jours encore à Ulloa. Voilà l'appui que vous avez trouvé dans les événements, sur cette route de vingt mois que vous avez parcourue, et vous êtes devenus faibles, et le pouvoir est impuissant dans vos mains. Arrière donc, hommes hésitants et timides qui n'avez pas su conserver dans sa force une position déjà faite, et l'avez perdue malgré les appuis offerts par les événements.

Ainsi déjà, on peut le dire, la vérité du gouvernement représentatif était faussée, et sa dignité blessée ; tout était équivoque et vague dans les situations comme dans les opinions , car il n'y avait plus, entre l'administration et la majorité, communauté sincère, accord réel, mais fluctuation et de là impuissance. Il fallait faire cesser un pareil état de choses , à cause de son danger et de son scandale ; la persistance du ministère provoquait l'énergie de la chambre. De là l'adresse, son importance et son opportunité.

Dans l'adresse la commission, pénétrée du besoin de dire au ministère toute son insuffisance , vint blâmer à la fois la politique suivie, soit pour les actes intérieurs, soit pour les actes extérieurs ; on alla jusqu'à dire que l'administration ne couvrait pas assez la couronne. Sans doute les circonstances qui ont présidé à cette adresse, le danger de la situation , le besoin d'en sortir, la nécessité de constituer au plus tôt un pouvoir fort d'une forte majorité, et puis peut-être aussi la crainte, justifiée par des expériences déjà faites, que quelque équivoque n'abritât le ministère, voilà ce qui a donné à l'adresse cette énergie in accoutumée qui a effrayé et éloigné d'elle quelques esprits ; nous le disons avec sincérité, en ne séparant point l'adresse des causes qui l'ont produite, on s'explique dans la rédaction cette presque violence que cependant nous regrettons, pour notre compte, d'y trouver, bien persuadé qu'avec plus de modération on aurait réuni plus de suffrages.

Une longue discussion s'engagea sur l'adresse, des modifications y furent faites, mais à une majorité de trois, quatre ou cinq voix, à une majorité si faible enfin que ces modifications n'avaient plus de signification. Toutefois, sur les actes de la politique extérieure et à une majorité d'une voix, on refusa l'éloge au ministère ; mais le pouvoir, qui aurait enfin dû comprendre son devoir, se fit un triomphe du refus de blâme des mêmes actes par la même chambre. Comme si le refus d'exprimer un blâme était une vraie compensation d'un refus d'éloge. Je ne sais si je me trompe, mais les choses ne m'ont point apparu ainsi. Il m'a semblé qu'on ne s'était pas fait une juste idée du blâme ou de l'éloge en tant que chose exprimée par un corps politique. Nous le disons sincèrement, parce que telle est notre conviction : oui, la chambre a refusé avec raison de blâmer les actes de la politique extérieure ; elle pouvait les apprécier et les blâmer dans des discours particuliers, mais par un vote il n'est jamais de la dignité de la chambre de blâmer un acte accompli, sur lequel on ne peut revenir, toute modification ne pouvant y être faite que par le concours de volonté de toutes les puissances parties au contrat. Dans cette circonstance le blâme n'eût pas été parlementaire. C'eût été avouer son impuissance devant des actes proclamés contraires aux intérêts du pays, c'eût été créer de nouveaux embarras au pouvoir d'aujourd'hui comme à celui qui lui succédera, en faisant pour ainsi dire, par une protestation impuissante, appel à la violence et à la guerre. Le refus d'éloge était assez significatif, on eût dû le comprendre. Quand un corps politique ne loue pas, quand il refuse l'éloge demandé en termes exprès, et de manière à faire voir dans cette demande une question de cabinet, je dis que l'on désapprouve, je dis qu'on veut pour l'avenir des actes différents et une politique ou du moins une volonté autre que celle qui les a dictés.

L'observation nous a, il est vrai, montré que le fait parlementaire dominant, dans toute cette discussion, c'est l'absence de toute majorité, et c'est ce fait dont les ministres ont voulu se faire un triomphe en disant qu'il n'y avait de majorité pour personne , et que le pouvoir serait impossible à d'autres comme à eux. Au lieu de s'alarmer de cet état d'incertitude existant dans les esprits, et dont nous parlerons plus amplement en exposant la situation générale du pays, au lieu d'y chercher un remède, ils s'en sont réjouis, en ont profité , et l'ont encore augmenté par leurs derniers actes. Malgré tous les faits favorables exposés plus haut, le ministère n'a point eu de majorité réelle dans la discussion de l'adresse, et cependant les préoccupations là encore lui ont été favorables, dans cet événement douloureux pour tout le monde et que je n'ose appeler heureux pour l'administration, je veux parler de cette jeune princesse, si française par l'esprit, les talents et le cœur, morte loin de la France ; en voyant le cœur de toute une famille si cruellement déchiré, beaucoup ont reculé devant une opposition qu'ils trouvaient inopportune , parce qu'elle ne pouvait que donner des préoccupations et des embarras à la couronne qui ne demandait qu'à oublier le trône pour aller pleurer un moment sur le tombeau d'une fille.

L'adresse fut enfin votée, après avoir subi de nombreuses modifications ; et sans rentrer dans l'examen du chiffre de la majorité qui l'a fait triompher, à ne voir que l'adresse en elle-même, telle qu'elle est sortie du scrutin de la chambre, nous la croyons encore dans son ensemble dictée par des sentiments plus contraires que favorables à l'administration. Et le gouvernement sembla, en effet, la comprendre comme nous, sa retraite des affaires ne nous paraît pas du moins avoir d'autre signification ; en annonçant sa retraite comme sérieuse, il faisait un appel à une administration nouvelle qu'il croyait donc possible alors, quoique depuis lui ou ses amis aient nié sa possibilité.

Mais, soit que les incertitudes et les fluctuations de la chambre eussent passé dans le ministère, soit plutôt par défaut d'unité dans la volonté du pouvoir, par cette absence de direction et de but remarquée dans tous ses actes, le ministère changea subitement de résolution, et après s'être retiré des affaires, sans qu'il y eût rien de changé dans les choses, il y rentra, et timide alors comme toujours, n'osant jamais aborder de front une difficulté ou une mesure quelque peu énergique, il commença par proroger les chambres pour annoncer le lendemain dans le *Moniteur* que cette prorogation était une dissolution, évitant ainsi d'appeler les choses par leur nom et n'osant pas accomplir ses actes franchement, avec fermeté, et à la face des chambres assemblées.

Telle est la situation que le ministère nous a faite par sa persistance à conserver le pouvoir; et aujourd'hui il essaie d'expliquer et de justifier sa conduite, en disant que l'opposition était formée de principes divers, que cette opposition ne pouvait dès lors être un appui pour ses successeurs au pouvoir, parce qu'elle ne renfermait que des opinions diverses coalisées pour détruire, mais qui se sépareraient le lendemain de la victoire : de là, nécessité d'en appeler au pays. Le pouvoir n'avait pas de majorité, mais parce qu'il y avait coalition entre ceux qui combattaient le pouvoir, vous avez déclaré une nouvelle administration impossible, et vous avez crié à l'immoralité et au scandale d'une telle coalition.

Une coalition dans les chambres est-elle donc un fait si nouveau en France pour être ainsi appréciée? A toutes les époques, comment donc se change le chiffre des majorités, cela n'arrive-t-il pas toujours par la défection des membres de cette majorité qui vont grossir le chiffre de l'opposition? et à toutes les époques l'opposition n'a-t-elle pas renfermé des opinions qui, quoique momentanément réunies pour combattre le pouvoir, n'avaient cependant ni le même drapeau ni les mêmes convictions? N'était-ce donc pas là une coalition véritable, à laquelle on aurait toujours pu adresser le même reproche d'impuissance? et pourtant à toutes les époques constitutionnelles, quand le chiffre de l'opposition ainsi grossi de toutes les défections de la majorité est devenu menaçant pour le pouvoir, n'a-t-on pas vu l'administration résigner les affaires ? Et cependant c'étaient là de vraies coalitions, et toutes les oppositions ne sont pas autre chose que des coalitions. Oui, et c'est le propre du gouvernement représentatif, et l'élément de puissance morale de sa majorité, c'est que cette majorité, appui du pouvoir, est toujours compacte et homogène en présence d'une minorité ou opposition désunie ou coalisée. Mais il n'en reste pas moins vrai que du jour où le chiffre de l'opposition s'est grossi, où l'opposition coalisée, si vous voulez l'appeler ainsi, est égale ou supérieure en nombre à l'ancienne majorité, de ce jour, le pouvoir manquant de son appui naturel et de son influence morale, n'étant plus assuré de l'adoption de ses lois, la retraite est un devoir qu'à toutes les époques constitutionnelles, je le répète, il a toujours accompli. Mais parce qu'il y a eu pour détruire coalition d'un côté et majorité unie de l'autre, est-ce qu'un pouvoir nouveau serait impossible? Non, hautement non, car les majorités comptent un bien petit nombre d'amis assez personnels des ministres pour les suivre jusque dans l'opposition ; en général, elles se composent d'hommes modérés et consciencieux qui veulent un pouvoir puissant, et qui par leur appui cherchent surtout à lui donner cette puissance ; ces hommes votent avec le pouvoir jusqu'au dernier jour, parce que trop d'instabilité dans les hommes du pouvoir leur semble compromettre la stabilité dans les choses, et que les secousses produites par des crises ministérielles trop fréquentes leur paraît peu en harmonie avec la perpétuité d'une couronne héréditaire. Mais qu'un pouvoir nouveau surgisse, et toutes les raisons de soutenir l'ancien existant aussi pour le nouveau pouvoir, vous verrez tous ces hommes par conviction et par devoir se ranger du côté de l'administration. Ainsi c'est surtout dans l'ancienne majorité que va chercher et trouver ses soutiens tout pouvoir nouveau, et ils ne lui ont jamais fait défaut. C'est que, par cela seul qu'une certaine fraction de l'opinion est au pouvoir, il y a un grand nombre de membres qui, par amour de l'ordre, se croient obligés de voter pour le ministère. Telle est l'influence naturelle et légitime de la seule présence au pouvoir.

Nous croyons donc qu'après la retraite du ministère, une nouvelle administration était possible, et on aurait dû sérieusement essayer de la constituer , et nous ne doutons pas du succès après une crise plus ou moins prolongée. Mais, comme vous l'avez dit, il n'y avait là rien de dangereux ; car une crise ministérielle, en général, peut affliger les amis du trône, mais sans leur donner d'inquiétudes sérieuses. La monarchie n'est point ébranlée par ces pénibles mais inévitables vicissitudes du gouvernement représentatif, la population reste calme, le pays confiant dans la sagesse de la couronne ne témoigne d'autre émotion que celle de l'impatience; quelque hésitation se manifeste dans le parlement, mais tout cela cesse bientôt, dès qu'un nouveau pouvoir arrive aux affaires.

Aujourd'hui , ce n'est plus d'une crise semblable que peut sortir une nouvelle administration ; on a fait appel au pays, attendons, c'est lui qui prononcera. Mais apprécions toute la portée de cette mesure, oubliant les personnes pour ne plus voir que l'esprit qui l'a dictée et les effets qu'elle peut produire. La coalition est un fait que la persistance du ministère a rendu nécessaire, et après l'avoir créée, cette persistance a encore augmenté sa force. Dans la Chambre, nous l'avons dit, lorsqu'il n'y a pas de majorité et qu'il y a lutte contre le pouvoir, une coalition est naturelle, elle est à sa place, son existence n'est pas une exception, mais un état normal; nous croyons donc une coalition dans la Chambre sans danger; mais en sera-t-il de même dans le pays? n'est-ce pas un malheur d'avoir ainsi transporté au milieu du pays, par une dissolution imprudente, une coalition forte par le nombre, à laquelle des succès de tribune ont appris sa puissance, et toute pleine d'une juste irritation en présence de la violence des actes et de l'imprévoyance de l'administration? Cette coalition est ainsi devenue dangereuse par la dissolution opérée par le ministère; elle menace l'avenir du gouvernement représentatif, parce qu'elle appelle de nouveaux fractionnements d'opinion, parce qu'elle peut annuler le pouvoir de la Chambre en y rendant toute majorité impossible. Quelque grand que soit ce danger, des hommes honorables n'ont point reculé devant lui, ils l'ont accepté en en rejetant la responsabilité au pouvoir, parce qu'ils ont cru plus dangereux encore de maintenir une administration sans dignité, sans influence morale, et qui désorganisait le pays en y détruisant le peu de conviction, de respect du pouvoir et de foi politique qui s'y trouve. Ainsi, c'est en présence de cette coalition, c'est guidé et inspiré par elle qu'aura lieu le recours au pays ; et pour se former une conviction , pour éclairer leur conscience, où les électeurs iront-ils chercher de meilleurs éléments que dans la discussion de l'adresse soumise ainsi aux interprétations et aux commentaires de chacun ? Or, si dans la Chambre la discussion de cette adresse a été passionnée jusqu'à la violence, là où elle ne s'adressait qu'à l'élite du pays, à des hommes graves et habitués à ces sortes de discussions , que sera-ce donc dans nos départements où l'on prend plus au sérieux les discussions publiques, où l'opinion est plus prompte à s'en émouvoir et à s'en effayer, et où les hommes auxquels on s'adresse sont plus impressionnables et tout nouveaux à ces sortes de débats ? Qu'arrivera-t-il, quand on leur parlera au nom de tous les principes, quand pour le même candidat on invoquera et la légitimité, et la souveraineté du peuple, et la charte de juillet ? Quel spectacle, que de passions à peine calmées peuvent se réveiller, que d'alarmes peuvent être jetées dans le pays, et par suite que de perturbation possible dans les intérêts matériels et moraux ! Mais arrêtons-nous ici, plaignons le pays, plaignons la couronne, mais dénonçons et abandonnons ses conseillers imprudents, et espérons qu'au milieu de tant d'agitation prévue , Dieu ne se lassera pas de protéger la France.

Mais si le pays doit envoyer des hommes d'opposition à la chambre, il ne doit pas prendre ces hommes indifféremment dans toutes les opinions; il ne doit pas seulement songer au pouvoir à renverser aujourd'hui, mais bien à celui qu'il faudra constituer demain; et nous le disons, parce que les intérêts de la France avant tout et au dessus de tout, à une chambre morcelée d'opinions et de toutes nuances, qui ne renfermerait point de majorité compacte et homogène, qui rendrait ainsi toute administration impossible, nous préférerions encore une chambre fortement dévouée au ministère actuel; peut-être l'influence morale d'une forte majorité déguiserait-elle un peu sa faiblesse. Ce que nous voulons surtout et avant tout, c'est un pouvoir puissant et fort qui, prenant pour base les intérêts conservateurs , s'occupe enfin d'organiser et de discipliner le pays. Nous allons nous expliquer sur l'organisation dont nous entendons parler, en montrant quels sont aujourd'hui, selon nous, les premiers besoins à satisfaire. Les circonstances prêtent de l'intérêt à nos paroles, d'autres auraient pu mieux dire assurément, mais personne avec plus de conviction et après s'être mieux inspiré de la situation et des véritables intérêts de la France

A mesure que nous nous sommes éloignés de

la révolution de juillet et que nous avons laissé
en arrière les passions qu'elle avait allumées, à
mesure que la tranquillité matérielle et le calme
des esprits sont revenus, la prospérité et la richesse
ont augmenté, notre situation morale s'est amé-
liorée; et pour arriver à de nouveaux progrès que
faut-il de plus? Rassurer l'avenir par les institutions du présent, inspirer la confiance en ralliant
et attirant à soi toutes les supériorités. La puissance et l'homogénéité dans le pouvoir, voilà
le premier besoin qu'il faut s'occuper de satisfaire ; et pour cela il faudrait avoir dans le pouvoir l'unité, la fermeté de direction, l'absence de
tiraillements et d'incertitude qui trahissent la faiblesse et inspirent la défiance. Mais si jusqu'à
présent ces éléments fâcheux ont été remarqués
dans les chambres et dans le pouvoir, c'est que les
mêmes éléments existent aussi dans le pays. En
effet, que remarquons-nous en France? nos trou-
bles de quarante ans ont ôté au pouvoir trop in-
stable la considération dont il a tant besoin, et
quoique le pays veuille avant tout la tranquillité
et le progrès, un esprit d'incertitude en toutes
choses voilà ce qui existe; peut-être une des causes est-elle aussi dans l'habileté de langage de
quelques hommes, dans le pour et le contre qui,
à la tribune et dans la presse, se discutent tous les

jours et ouvertement, sans qu'il soit facile de bien voir de quel côté se trouvent la raison et la vérité. Mais ce n'est point tout encore, il y a aussi d'autres principes mauvais, plus dangereux encore parce qu'ils vont jusqu'à embarrasser le pouvoir dans sa marche. Je veux parler des instincts irréguliers, des idées contraires à la stabilité du pouvoir et de l'ordre social que l'on rencontre partout, même dans les classes élevées où les idées et l'instruction devraient avoir une autre influence. Que voyons-nous partout en effet ? un esprit de méfiance contre le pouvoir, une presque aversion contre toute supériorité, une absence de prévoyance politique, et tout cela ne cesse que lorsqu'on est averti par la présence d'un danger imminent, pour revenir avec le calme d'une situation nouvelle. Voilà les éléments, voilà les principes mauvais que nous trouvons dans le pays légal ; si nous examinions les classes qui vivent de salaire, c'est à l'état de passions et d'instincts révolutionnaires que nous retrouverions les mêmes principes. Or, une telle situation est dangereuse parce qu'elle ne permet pas au gouvernement de se développer dans toute sa force, et aussi à cause de l'exaltation et de la fermentation qu'une telle situation rend possibles si des circonstances extraordinaires, un état violent, venaient à se produire.

C'est par un meilleur classement des capacités départementales, c'est en faisant tourner leurs idées et leur position au profit du pouvoir, en les initiant aux affaires, qu'on parviendra à détruire ces mécontentements instinctifs et à les empêcher de se manifester. La pratique des affaires, la connaissance de la nature, des besoins et des nécessités du pouvoir : voilà l'appel qu'il faut adresser aux supériorités départementales, à tous ces hommes auxquels la fortune et l'intelligence permettent des loisirs dont l'administration du pays peut profiter pour en augmenter ainsi sa force et son influence.

Le moment est venu de se préoccuper d'une semblable organisation ; il y aurait de l'imprudence peut-être à attendre plus longtemps. Il n'y aura pas toujours autant de calme à l'intérieur, et les manifestations qui se produisent en Europe pourraient amener une situation qui éloignerait pour longtemps l'accomplissement de ces vœux.

Préparons-nous donc cet avenir, électeurs ; nous savons où est le mal, appliquons donc le remède : plus de sympathie et plus de tolérance pour un ministère qui a commencé par manquer à la dignité du pouvoir, dont les incertitudes et les hésitations ont fractionné et divisé les opinions en augmentant encore ces incertitudes et ces hésitations; qui, à une retraite que la loyauté et la convenance eussent pu rendre honorable, a préféré amener une lutte au sein du pays, et, débutant par la violence, a fait ainsi appel à la violence de ses ennemis. Repoussez ses promesses, ne croyez point à ses menaces. Dans son désespoir l'administration est allée jusqu'à invoquer le fantôme de la guerre, ne craignant point de jeter des alarmes au sein des populations, d'effrayer et de compromettre des intérêts, pourvu qu'elle réussisse, elle, à conserver le pouvoir. Mais non, ce n'est pas la guerre qu'apporteront dans leurs manteaux les hommes que nous voudrions voir choisir par le pays. Dans la situation actuelle de l'Europe, quand des éléments révolutionnaires se produisent au sein de tous les empires, une guerre sera toujours repoussée par tout ce qu'il y a d'hommes sages, de véritables hommes d'état, d'hommes de conservation et de progrès en Europe. Une guerre ainsi contraire à toute sagesse politique, destructive de tous les intérêts matériels qui se développent partout en France comme ailleurs, ne saurait donc être l'œuvre d'une administration nouvelle, ou bien cette administration devrait renfermer dans son sein des hommes de perturbation et de violence, dont le but, par la guerre, serait d'en appeler à tous les instincts révolutionnaires, pour les forcer à se développer et à détruire ce qui est. Croire à la possibilité de ces hommes ou à la guerre, c'est abdiquer sa raison. Frappez donc sans crainte de votre ostracisme ce ministère qui a oublié ses devoirs jusqu'à venir, dans l'intérêt de sa conservation, travailler par ses propres passions la société, lui qui doit surtout à l'ordre social d'amortir toutes ses passions pour les remplacer par l'influence morale, par des sentiments et des principes conservateurs. Mais tout en frappant un pouvoir dont ne veut plus la France, n'oubliez pas le calme et la modération qui font la force, et souvenez-vous que l'on a été jusqu'à accuser nos institutions du mal qui s'est produit, et dont nous croyons voir dans l'administration le véritable auteur. Réunissez-vous donc et envoyez aux chambres des hommes de conscience, des hommes qui veulent organiser et non détruire, des hommes déjà éprouvés par l'expérience des affaires, et alors on comprendra la possibilité pratique, la vérité de nos institutions; alors viendront pour la France de longs jours de calme et de prospérité.

A. FLORET.

Ce 10 février 1839.

IMPRIMERIE ET FONDERIE DE F. LOCQUIN ET COMP., 16, RUE NOTRE-DAME DES VICTOIRES.

123